사람이 변하기 때문에

사랑도 변한다

사람이 변하기 때문에 사랑도 변한다

초판 1쇄 발행 2018년 2월 25일

지은이 | 박경애
표지디자인 | 김효진
발행처 | 예일문학
주소 | 서울특별시 마포구 성지5길 5-15 벤처빌딩 4층
(우편번호 04083)
출판등록 | 제 2016-00347호
전화 | 02) 336-8055
팩스 | 02) 545-8055
전자우편 | yalemunhak@gmail.com

ⓒ 박경애 2018

ISBN 979-11-959839-3-3 03810

이 책은 저작권법에 따라 보호받는 저작물이므로 무단 전재와 무단 복제를 금하며, 이 책의 전부 또는 일부를 사용하려면 반드시 저작권자와 예일문학의 서면동의를 받아야 합니다.

사람이 변하기 때문에 사랑도 변한다

박경애

예일문학

차례

1부 사랑
————————————

사랑　　p12
동백꽃　　p13
사랑이란　　p14
사랑한다면　　p15
약속　　p16
어쩌다가 사랑　　p17
비가 오는 날엔　　p18
당신은 무엇입니까　　p19
사랑 안에는　　p20
사랑받기 위해서　　p21
그대의 꽃이 되리　　p22
연인　　p23
사람이 변하기 때문에 사랑도 변한다　　p24
우리들이 헤어질 때　　p25
사랑이 떠날 때와 돌아올 때　　p26
귀중한 것은　　p28
사랑과 안경　　p29

헤어짐   p30
그 이름   p31
이별   p32
사랑과 홍역   p33
그것은 사랑입니다   p34
결혼 축시   p36

2부   욕망
————————————

욕망   p38
시간   p39
여자로 태어나   p40
사람   p41
사람들은 추락을 두려워 하지만   p42
달리는 기차에 매달려 있기   p43
백 가지 이유   p44
호랑이   p45
피어보지도 못한 꽃 같은 젊음 세월호 아이들아!   p46

3부 인생은 자리

인생은 자리   p50
마포나루터   p51
아파트와 고향   p52
자동차는 물처럼   p54
어떤 가족의 이사   p56
내 어머니의 어머니가 살던 그대로   p58
여의도 억새풀   p59
그리움   p60

4부 오후 네 시

오후 네 시   p62
설날 풍경   p63
산꼭대기 사람들   p64
비누   p65
전쟁 같은 하루   p66
얼음물   p67
청춘 풍경   p68
점이 될 거니까   p70

내 고향 바다　　p71
부엌　　p72
백 가지 이유　　p74

5부　소년과 아버지
————————————————

어른이 된다는 것　　p76
아버지와 야식　　p78
소년과 아버지　　p80
새벽잠　　p82
부모에게 왜 나를 낳았느냐고　　p84
어머니의 지문　　p85
다듬이 소리　　p86
어머니의 임종　　p88

6부　허무함에 대하여
————————————————

허무함에 대하여　　p92
오해　　p93
행복해지고 싶거든　　p94
어느 암자에서　　p95

짧은 인생   p96
홍도는 죽었다   p98
젊음   p100
저승 갈 때   p101

7부 마주 보는 사람들
————————————————

아흔 살 할머니   p104
세상에서 가장 많이 싸운 부부   p106
자식   p108

8부 언젠가 만나게 될 유토피아를 위하여
————————————————

언젠가 만나게 될 유토피아를 위하여   p110
안네에게 바치는 노래   p112
세상의 테두리   p114
한국인   p116

9부 순례자
———————————————

순례자   p120
여행   p121
다국적 도시 서울   p122
전설의 소금강 가는 길   p123
설국(雪國)의 풍경   p124
별을 이고 걷노라면 p125
육지 섬   p126
은하수   p127

사랑하는 것은 천국을 살짝 엿보는 것이다

카렌 선드

사랑에 대한 유일한 승리는 탈출이다

나폴레옹

1부　　　　　　　　　사랑
―――――――――――――――――

사랑
동백꽃
사랑이란
사랑한다면
약속
어쩌다가 사랑
비가 오는 날엔
당신은 무엇입니까
사랑 안에는
사랑받기 위해서
그대의 꽃이 되리
연인
사람이 변하기 때문에 사랑도 변한다
우리들이 헤어질 때
사랑이 떠날 때와 돌아올 때
귀중한 것은
사랑과 안경
헤어짐
그 이름
이별
사랑과 홍역
그것은 사랑입니다
결혼 축시

사랑

사랑은
마음의 감옥
번뇌의 감옥
사랑이 끝나면
감옥도 끝나고

동백꽃

너는 어디에서 왔을까
예쁘다고 할까
곱다고 할까
차라리 이 세상에 없었다고나 할까
동백꽃이 아담하니
내 마음까지 빼앗아 가려고 한다
나는 넋을 잃고 너를 본다

사랑이란

사랑이란
두 사람이 나란히 걷는 것
사랑이란
바람이 불어도
같은 방향을 향해 걸어가는 것
사랑이란
힘들게 하지 않는 것
사랑이란
힘들어도 힘들지 않다고 말해 주는 것
사랑이란 마주 보며 함께 웃는 것

사랑한다면

사랑이란 이름으로 가둬두지 않기
사랑이란 이름으로 버려두지 않기
사랑 아닌 행동을 보여주지 않기
사랑한다면

약속

오래전 약속해 놓고
약속 장소에 가지 못했어요
사실은 문 앞에서
학창시절 친구를 만나
돌아 나오게 되었어요
누구를 만나러 왔냐고 묻는데
대답하기가 곤란해서 되돌아갔습니다
어이없이 깨진 인연이지요
세월이 참 많이 지났는데
그렇게 하릴없이 어긋난 인연이 많네요
젊음은 미숙하다는데
아마도 사람 만나는 것도
유지하는 것도 서툴러서인가 봅니다
다들 잊고 제 갈 길 가서 잘 살겠지요
문득 옛 생각에 젖어봅니다

어쩌다가 사랑

어느 누가 알까
사람의 인연
지나가는 것도 우연
앉은 자리도 우연
만남도
다들 그렇게
어쩌다가 사랑

비가 오는 날엔

비가 오는 날엔
내가 가지 못하니
네가 오는구나
어쩌면 빗소리는
너의 노랫소리를 닮았을까

당신은 무엇입니까

이렇게 해도 생각나고
저렇게 해도 생각나는
당신은 무엇입니까
물은 물이라서 흘러가고
불은 불이라서 타고 없어지는데
당신은 햇살에 가둔
바람에 가둔
꿈속에 가둔 존재처럼 남아있습니다
그래서 하늘을 봅니다
그래서 땅을 봅니다
당신이 지나간 자리
그곳에 영원히 당신이 있습니다
당신은 무엇입니까

사랑 안에는

사랑 안에는
사랑도 있고
미움도 있어라
기나긴 세월인데
사랑이 무슨 재주로
저 혼자서 자리를 다 차지할까

사랑받기 위해서

잊히지 않으려 애쓰는 모습
우리 모두의 모습
사랑받기 위해서
비록 잊히고
가끔 잊을지라도
너를 닮았다
나를 닮았다
사랑받기 위해서

그대의 꽃이 되리

산에는 꽃이 많은데
들에는 꽃이 많은데
당신의 마음에는
어떤 꽃이 피고 있나요
황무지 벌판 위에도
한 송이 꽃은 핀다오
나는
나는
그대의 꽃이 되리
장미도 좋아요
국화도 좋아요
그대의 꽃이 될 수 있다면

연인

팔짱 낀 연인
헤어질 시간이 다가오는 게 아쉬운지
움직이지 않고 서 있다
연인의 사랑을 방해하고 싶지 않아
걸어가는 에스컬레이터 뒤에서 나도 멈춰 선다
연인의 사랑은 만물을 정지시키는 힘이 있는지
보이는 것도 볼 수 없게 하고
볼 수 없는 것도 보이게 한다
그들이 문득 뒤돌아 본다
이제 주변이 보이나 보다
젊은 연인의 사랑
그 사랑으로 인해
세상은 환상으로 가득할 것이다

사람이 변하기 때문에 사랑도 변한다

사랑은 변하지 않는다
다만,
사람이 변하기 때문에 사랑도 변한다

우리들이 헤어질 때

우리들이 헤어질 때
말없이 눈물은 흐르고
그때 그 시간 이후로
시간은 멈춰 섰네
파도가 이렇게 말했지
좋은 사람 사랑했었다면
헤어져도 슬픈 게 아니야
사랑은 수평선에 영원히 아로새기리라
우리들이 헤어질 때
말없이 눈물은 흐르고

사랑이 떠날 때와 돌아올 때

사랑이 떠날 때는 등을 보이고
등 뒤에는 얼음 조각이 단단하게 박혀있다
짧은 기억의 사랑이 아니었는데
사랑이라 불리던
사랑이 떠난 자리는
작은 새소리조차 들리지 않고
밝은 햇살은 그저 낯설기만 하다
커튼을 닫은 마음의 자리
마른 풀잎 하나 돋지 않는 사랑의 자리에는
눈물 속에 사랑이 또 죽고
사랑이 백 번 천 번 죽고 나면
사랑 하나가 손님인양 찾아온다
사랑의 상처가 기워지고 또 기워지고 해서
더 기울 데가 없어져야

그때야 사랑은 다른 사랑의 모습을 하고서
찾아온다
사랑은 그렇게 돌아온다
하나의 사랑이 가면
다른 사랑 하나가 오고
새는 다시 노래하고
마른 뿌리는 꽃을 피워낸다
사랑은 이별을 기억하지 못하고
사랑은 그저 사랑을 기억할 뿐

귀중한 것은

모든 귀중한 것은
우리 곁을 자주 떠나려 한다
붙잡는 이 많아
가 있을 곳이 많을 테니
가면 아니 올까 해서
가라고도 못하고
붙잡으면 싫증 낼까 두려워
붙잡지도 못하고
할 수 있는 한 가지는
가슴에 꽁꽁 묻어두는 것
마음이란 금고 한쪽에
잘 모셔두는 것

사랑과 안경

내 사랑은 안경을 벗고 보렵니다
안경 쓰고 꼼꼼히 사랑을 들여다봐도
보이는 건 무수한 상처뿐
암만 다시 봐도 사랑은 없더이다
이제는 안경을 쓰고 보지 않으렵니다
안 보이니
참으로 편합디다
모른척하니 나도 살겠습디다

헤어짐

헤어져야 할 때 만나게 되는 사람이 있듯
만나야 할 때 헤어지게 되는 사람이 있다
엇갈린 인연
새벽녘에 우리와 헤어지는 저 별들과 달
저녁 어스름할 때에 가는 모습 기억하라고
다시 오마고 붉은 노을 보여주며
우리 곁에서 잠시 떠나있는 해
헤어지는 시간도
헤어지는 이유도
우주 천체는 분명하고 반듯한데
우리 인간은 무엇 하나 확실한 것 없어
헤어짐조차 알지 못한 채
떠나가고
떠나 보낸다

그 이름

잊고 있었던 이름 하나
나의 이름이던가
너의 이름이던가
젊은 날의 아스라한 기억
가끔은 소주잔에서 맴돌고
가끔은 와인 잔에서 맴돌던
하늘은 푸르고
구름은 흩날리고
잘 있겠지
젊은 날의 우리들이여

이별

연락이 없었다
문득 예감 하나가 지나가는데
그때 그게
영원한 이별이었다
사람을 보낸다는 게 그런 거였다
어제까지 보였던 사람인데
오늘 부고 소식을 듣는다
젊게 가는 사람은
우리 가슴에 더 영롱하게 남는다
가셨구나

사랑과 홍역

생의 한 번은 홍역처럼 지나가는 것
사랑 혹은 웬수
횡재라고도 한다
사랑이라는 보자기에는
마술쇼가 기다린다
내가 찾던 퍼즐 한 조각이
펼쳤는데 보자기 속에 있으면 좋고
눈부신 매직쇼가 펼쳐지면 더 좋고
요술 따위
잠시이지만 보자기 뒤의 행복을 기대했으니
나름 괜찮지 않았겠는가

그것은 사랑입니다

길고 긴 인생
내가 당신 곁에 남은 건
당신이 나무였기 때문입니다
커다란 나무라고 해서
바람에 왜 흔들리지 않았겠습니까
당신의 등을 쉬게 하기 위해서
당신의 큰 나무가 되었지요
당신이 여름날의 지나가는 냇물이었을 때도 있었지요
나무만이 그 물을 품을 수 있었기에
나는 당신의 나무가 되었습니다
하늘에 비 한 방울 없을 때도 있었지요
땅 위에 벼 한 톨 없을 때도 있었지요

하지만

당신은

묵묵히 검은 세월을 지켜주었습니다

당신이 고마워서

당신의 의자가 되고

당신의 땔감이 되는

당신의 나무가 되었습니다

당신이 나무라고 불러주어서

메마른 세월이 커다란 나무가 되었습니다

당신이 아무것도 아니어도

바람 한 점 없는 세월이어도

당신 곁에 남겠습니다

그것은 사랑입니다

결혼 축시

이제 두 사람
더 이상 춥지 말고
더 이상 아프지 말고
갈 곳 없어 방황하지 말고
따뜻한 두 사람의
보금자리에 들라
옛날은 추억하고
미래는 꿈꾸면서
현재는 늘 행복하라

2부   욕망

욕망
시간
여자로 태어나
사람
사람들은 추락을 두려워 하지만
달리는 기차에 매달려 있기
백 가지 이유
호랑이
피어보지도 못한 꽃 같은 젊음 세월호 아이들아!

욕망

출렁대는 물결 위에 배를 띄우지 말라 하지만
배는 파도를 노리개 삼아 멀리 떠나고자 한다
우리의 욕망은 자주 여행 다니며
하늘을 느끼고
바다를 느끼며
삶의 향기를 얻고자 하지만
욕망은 향기로 만족하지 않고
무엇인가를 채우려 하므로
허망하다

시간

시간은 가도 나는 남는다
시간은 가도 내 마음은 남는데
내 마음이 나도 가라고 한다
가지 못하는 줄 알면서
시간은 말이지
시간은 말이지
나 혼자 남겨 놓고
가고 있다

여자로 태어나

여자로 태어나
살면서 아팠던 적 많았습니다
여자라는 게 고생의 다른 이름이란 걸 깨닫는데
오랜 시간이 걸렸습니다
이제 겨우 깨달으니
여자가 얼마나 큰 축복인지 알겠습니다
다시 또 태어난다면
만약 그렇게 된다면
여자로 태어나렵니다
이번에는 잘해보렵니다
여자로서 멋있게 한번 살아보렵니다

사람

세상에 많고 많은 사람 중에
우리는 어떤 사람일까
어떤 사람으로 살았을까

물 같은 사람도 있다는데
쇠 같은 사람도 있다는데
돌 같은 사람도 있었지
흙 같은 사람도 있었지

그때 우리는
꽃 같은 사람이고 싶었는데
바람 같은 사람이지는 않았는지

사람들은 추락을 두려워 하지만

사람들은 추락을 두려워 하지만
알고 보면 우리는
늘 그 자리를 지키며 살아왔을 뿐
올라간 적도 없는데
내려갈 일을 두려워했던 것이지
사과가 익어서 땅에 떨어져도
내년에 더 큰 열매를 맺는데
날아가던 새도 땅에 내려앉으면
더 큰 날갯짓으로 하늘을 높이 나는데
무엇 때문에 걱정하고 사는지

달리는 기차에 매달려 있기

달리는 기차에 매달려 있기
우리는 날마다 이렇게 살고 있지요

백 가지 이유

하기 싫을 때
하기 싫은 일을 만났을 때는
깊이 생각하지 않아도
하지 않아야 할 이유가 백 가지

좋을 때
하고 싶은 일을 만났을 때는
그리 고민하지 않아도
해야만 할 이유가 백 가지

호랑이

호랑이는 일 년에
100 킬로그램의 동물 3, 40 마리를 사냥한다
하루에 6, 7 킬로그램 그만큼의 고기를 먹는다
호랑이를 조심하라
호랑이의 먹이가 되지 않도록

피어보지도 못한 꽃 같은 젊음 세월호 아이들아!

아이들아!
아직 꽃피지도 못한 나이 열여덟 살 아이들아
너희 삼백여 명을
우리는
바닷속에 잠기는
여객선 껍데기를 보면서 불러본다
그 차가운 물속에서
몇 날 며칠을 너희들 어떻게 견뎠니
칠흑같이 어두운 바닷속에서 어떻게 죽어갔니
어른이 되어 아무것도 못해준 우리들
우리는 용서받을 준비도 할 수 없는 사람들
움직이지 말라 해서 움직이지 않은 너희들
나오지 말라 해서 나오지 않았던 너희들
기다려라 해서 기다렸던 너희들

착한 너희들
그런데 너희들을 기다린 건
하늘로 떠나는 검은 연기뿐이었다니
겨우 그것뿐이었다니

고운 세상으로 가거라
좋은 세상으로 가거라
다시는 이 못난 어른들이 있는 세상이 아닌
지켜주지도 못하는 어른들이 있는
이런 세상이 아닌
더 좋고 더 정직하고 더 순수하고
더 양심적인 세상에 태어나거라
그런 시대에 태어나거라
지금 누리지 못한 꽃 같은 젊음을
그때 다시 누리거라

바다에도 부디 너희들의 순수한 영혼을 지켜주는
또 다른 존재가 있기를
그래서 미련 없이 이 세상을 떠날 수 있기를
바닷속 어딘가 초월적인 고고한 존재가 있어
너희들을 보살펴주기를
미안하다 얘들아
이 시대의 어른이란 게
너무도 미안하고 슬프구나

                (2014년 4월18일에 쓴 시)

3부 인생은 자리

인생은 자리
마포나루터
아파트와 고향
자동차는 물처럼
어떤 가족의 이사
내 어머니의 어머니가
_ 살던 그대로
여의도 억새풀
그리움

인생은 자리

로마의 콜로세움 경기장
경기가 있을 때면
귀족은 일층 자리
그보다 뒤에는 기사 자리
그 뒤에는 평민이라
여자와 노예들은 불편한 자리였지
지금의 공연은 가격에 따라 좌석이 다르지
신분제는 없지만 자리는 있어
아! 슬프게도
인생은 자리
그것이 신분이든 돈이든 무엇이든

마포나루터

아득한 옛날
뱃사공이 뱃노래 부르며
노 저어 사람도 나르고
물자도 실어 나르던 마포나루터
지금은 마포대교가 대신하는 그곳
옛 마포나루는 없어졌어도
그 터는 한적한 공원이 되었구나
사람들의 얼굴에서는
옛 사공들의 모습이 보인다
강물은 흘러가고
시절도 간 데 없는데
수고로운 삶은 계속되는지
삶에 골몰한 표정으로 앉아
일어설 줄을 모른다

아파트와 고향

아파트는 도시인의 고향
고향인데도 고향이 없어라
편리한 생활은 꿀보다 달고
하늘 가까이 가는 즐거움이 눈부셔도
아파트에는 고향이 없어라
명절도 친구도 있는데
고향이 없어라
왜 우리는 떠날 준비를 하며 사는 걸까
어쩌면 정착할 수 없다는 것을 알기에

농사가 인간에게 정착생활을 남겨주었다면
아파트는 인간에게
유목민의 생활을 남겨주는 것 같다
아파트 층이 높아질수록

우리는 땅에서 멀어진다
고향에서 멀어진다

자동차는 물처럼

자동차는 물처럼 흘러가야만 한다
이곳은 그렇다
이 땅은 그렇다
서지 말고 가라
차도 역시 통과만 허락하겠다
멈춰 서지 말고 달려라
땅 위에 머무르면 주차세
땅 위에서 쉬어 가려면 주차보다 더 무서운 정차세
기름값이 아무리 비싸도 달리기만 하란다
쉼 없이 달리기만 하란다
기름값보다 더 비싼 땅값 때문에
그저 물처럼 누구나 무엇이든 흘러가란다
땅 위에 머무르지 말란다
머무르려면 돈을 내란다

사람도 차도 쉬어가도록 만들어져 있는데
우리는 그럴 수가 없다
너무나 비싼 흙 값 때문에

어떤 가족의 이사

이사 가는 날
집 앞에 서 있는 1.5톤 트럭
아버지가 빌려오신 이사용 트럭
소박한 살림살이지만
싣고 보니 한 짐
시동 거는 소리
정들었던 산동네를 떠나니
아이들은 아쉽다
3인승 앞자리는 어느새 다섯 명 자리
어머니 무릎에는 막내 동생
형제 다섯이 앉을 자리가 없어
신호 걸릴 때마다
경찰이 보일 때마다 아이들이
좌석 바닥에 몸을 웅크려 가며

이사 간다
그래, 좋은 생각이 났어
헌 냉장고 얻어 오신 아버지
담에 이사갈 때엔 요기 숨어서
트럭 뒤에서 편히 앉아 가렴
아버지의 배려
산동네 이사에 이골이 난 가족들
지나고 보니 고생도 행복
어떤 가족의 오래된 이사 이야기

내 어머니의 어머니가 살던 그대로

내 어머니의 어머니가 살던 그대로
내가 살고 있음을 느낄 때
내 어머니도 그렇게 살아왔음을 알게 될 때
가슴이 화들짝 놀란다
무엇을 벗어나려고
그토록 몸을 비틀어댄 것인지
천년 문화도 그렇게 내려왔음을
이제야 깨닫는 어리석음이여

여의도 억새풀

억새풀 우거진 여의도 한강 둔치
물고기 낚는 도시의 어부가 저기 있다
억새는 바람 부는 대로
넘어졌다 일어섰다
신기한 풍경
구성진 트로트 들으며 흥얼거리는 낚시꾼
오늘은 대어를 낚았나
어느 매운탕 집에 배달되려나
뒤에는 크고 웅장한 국회의사당
어둠이 살짝 어부의 낚시질을 내려다본다
인공 풍경이 늘어갈수록 억새밭은 사라지는데
시골 강가 어디쯤에는 그래도
억새풀이 도시 사람들을 기다리고 있겠지

그리움

존재했으나 존재하지 않는 것
존재해야만 했던 것
그런 것들이 그립다
꺼져가는 불빛처럼
사라져 가는 모든 것
아린 마음으로 바라본다
존재의 교체
그런 시대
누구나
무엇이나
존재했다가 사라진다
붙잡고 싶지만

4부 　　　　　　　오후 네 시
————————————————

오후 네 시
설날 풍경
산꼭대기 사람들
비누
전쟁 같은 하루
얼음물
청춘 풍경
짐이 될 거니까
내 고향 바다
부엌
백 가지 이유

오후 네 시

오후 네 시는 간식 시간
은행 문 닫는 시간
누군가는 교대할 시간
누군가는 머리할 시간
하루의 마감인 듯 아닌
지금은 없지만
누군가를 그리워했던 사람들의
한숨 소리가 들리는 시간

설날 풍경

도시의 설날은 조용하고
농촌의 설날은 들떠있다
고속도로가 주차장이 되어
가도 가도 끝없는 귀성길
차량 행렬 불빛은 그래도 행복이겠지

산꼭대기 사람들

산꼭대기 마을은 고갯길이 힘들어
마을버스도 쉬어 가는데
등 굽은 할머니는 지팡이 하나 두드리면서도
잘도 걸어 다니시네
눈이 오면 길이 먼저 알아차리는데
산꼭대기 마을에 정들이지 말아야지
곧 떠나야지 손가락 세었어도
머리가 희끗해지도록
살아냈고 살아간다

비누

인간의 몸은 비누
닳아서 없어지는 비누
인생은 비누
다 쓰면 사라지는 비누
우리 모두는 비누 같은 인생

전쟁 같은 하루

전쟁은 없다
전쟁 같은 하루가 있을 뿐
사방에는 칠흑 같은 어둠
많은 것이 불확실하고
더 많은 것이 무(無)인 세상
그저 두려움 뿐
전쟁의 이미지
생명이 있으나 생명이 없는
분주한 움직임
지킬 수 있다는 확신이 없는
아무것도 확실하지 않은
그런 전쟁 같은 하루를
그런 하루를 보내고 있다
어쩌면 우리 모두는　　　　(2014년 3월)

얼음물

겨울의 얼음물
사방이 겨울이어서
물에도 겨울 설움이 녹아 있다

청춘 풍경

행복하고 가슴 뛰는 청춘이어야 하는데
청춘들은 저마다 시름에 젖어 있다
오천 원 시급과 야간 알바와
생활고의 고뇌
이 시대의 청춘 풍경들
배움은 기술이 아닌데
사랑은 소비가 아닌데
결혼은 사치가 아닌데
청춘들은
혼돈과 절망이라는
질병을 앓고 있다
물 흐르듯 지나가는 시간 속에
청춘도 지나가고
사랑도 스쳐가겠지

고단해도 청춘이다
많이 느끼고
뜨거운 사랑이 머물기를

(2012년)

점이 될 거니까

얼굴에 흉터 하나 있어
나중에 보면 작은 점 하나
몸에 상처가 생겨
세월 지나서 보면
작은 점 하나
그래,
모든 상처는 점이 된다
상처는 점일 뿐이지
너무 아파하지 말자
세월 지나면
다 점이 될 거니까

내 고향 바다

내 고향 바다는
내가 어린 시절 해수욕하던 바다는
가보면 육지 되어 있고
가보면 땅 되어 있고
여기도 저기도
누가 고향 땅이라고 말하나
내게는 고향 바다인데

부엌

학생 시절 오가던 동네 주택가의
해지고 어스름한 저녁에는
집집마다 행복의 불빛이
부엌의 불빛이
하얗고 노랗게
유리창을 밝혔지

부엌의 불빛 속에서
그들은 행복했고
나는 불빛을 보며
포근한 마음으로 지나가는 길을 안심했어

부엌에는 어른들의 안정감이 보였지
나는 언제 어른이 되나

언제 내 부엌을 갖게 되나 했는데
어느새 나도 어른이 되어
내 부엌을 갖고 있었어
세월이 흐르는 물처럼 빠르구나

백 가지 이유

하기 싫을 때
하기 싫은 일을 만났을 때는
깊이 생각하지 않아도
하지 않아야 할 이유가 백 가지

좋을 때
꼭 하고 싶은 일을 만났을 때는
그리 고민하지 않아도
해야만 할 이유가 백 가지

5부   소년과 아버지
———————————————

어른이 된다는 것
아버지와 야식
소년과 아버지
새벽잠
부모에게 왜 나를 낳았느냐고
어머니의 지문
다듬이 소리
어머니의 임종

어른이 된다는 것

어른이 된다는 것은
자기가 쓸 돈을 버는 것을 의미한다
가족의 공과금 고지서를
내 손으로 내는 것을 뜻한다
어른이 된다는 것은
하고 싶은 일만 하며 살 수 없다는 것을,
때로는 하기 싫은 일도 해야만 하는
현실을 알게 되는 것
세상이 주는 찬사 같은 게 없어도
지치지 않는 것
그렇게 삶이 계속된대도 슬퍼하지 않는 것
사람들이 왜 행복한 표정으로 살지 못하는지
이해하는 것
삶이 위대한 것은
생명을 이어왔다는 사실 때문이지

세상에서 가장 힘든 일이 삶을 계속했다는 것
어른이 존중받는 이유는 평범한 진리를
몸으로 체득한 사람들이기 때문이겠지

아버지와 야식

애들아 일어나 봐라
맛난 거 사 왔다
늦은 밤 자고 있는데
어린 자식들을 깨우는 아버지

깊이 잠들지 않은 날이 있다
아버지가 아직 대문에 들어서지 않아서
맛난 거 먹고 자라
깨우는 소리를 기대하고 있었나 보다

빨간 내복의 아이들
겨울밤에는 덜덜 떨면서
이불 쓰고 먹고
여름밤에는

모기를 쫓으면서
야식을 먹었다
허허 고놈들
왠지 즐거워하며
바라보던 아버지
벌써 새까만 옛날이 되어 버렸다

소년과 아버지

어느 두메산골의 소년
이렇게 결심했대
내 아버지를 닮지 않으리라
절대로 닮지 않으리라
소년의 아버지는
아이를 사랑했지만
꿈이 되어주지는 못했어

세월은 물처럼 흘러
소년도 아버지가 되고
훌륭한 아버지가 되리라 결심했지
그런데
그런데
자식을 사랑했지만

자신의 아버지처럼 그 역시
아이에게 꿈이 되어주지는 못했지
일부러 그런 것도 아니었는데
진짜 아니었는데
그제야 아버지가 생각나고
눈물이 강물처럼 흐르더래
아버지가 가시고 나서야
아버지를 이해할 수 있었어

새벽잠

옛날 나의 아버지는
새벽잠 많은 우리를 몹시도 괴롭히셨지
일어나라 몇 번 고함치다가
꽁꽁 언 새벽 그것도 동트기도 전 어두운 새벽에
창문 활짝 열어젖히고
이불을 걷어버리셨던 매정하신 아버지
내복 바람에 돌돌 떨다가 마지못해 일어나면
아버지보다 더 부지런한 어머니가
아침 밥상인지 새벽 밥상인지를 차려 놓으셨었지
실컷 잠도 못 자고
학창시절 보낸 덕분에
학교에는 일찍 가서 개근상장 잔뜩 받아놨는데
학교에서 조는 건 대장이었지
그래도 성실한 습관 만들어 주신 건 감사드려야지

옛날 겨울은 왜 그리 추운지
옛날 새벽은 왜 그리도 추운지
새벽에는 아버지가 왜 그리도 사나우신지
지금도 아버지는 새벽잠이 없으셔
초저녁잠이 많으신 아버지
저녁 때 티비도 라디오도 못 틀게 하시던 아버지
우리의 낙이라고는 공부 밖에는 없었소
새벽까지 안 자고
첨단의 문명인 여러 미디어를 즐기다 보면
나도 모르게
단순하게
아주 단순하게 생활하던
옛날이 문득 떠오르네

(2010년에 쓰다)

부모에게 왜 나를 낳았느냐고

부모에게 왜 나를 낳았느냐고 한다
부모가 선택해서 자식을 낳을 수 있다면
하필이면 너를 낳았겠냐고
말할 줄을 모르는 것일까
자식은 아무리 나이 먹어도 어린가 보다

어머니의 지문

어머니의 손끝에는 지문이 없어라
어디 갔나요?
세월이 가져갔나요?
아니, 아니
일이 가져갔단다
그렇게 일해서 온 식구 먹였단다
어머니는 지문이 없어라

다듬이 소리

다듬이 소리
마루에서 들려오는 다듬이 소리
뚝딱뚝딱 다듬이 소리
어머니의 다듬이 소리는
사각사각 홑청 만지는 소리
새하얗게 풀 먹인 이불 홑청이
다듬이 방망이와 연주를 한다
뚝딱뚝뚝 다듬이 소리
매미가 우는 한 여름날
더위도 낮잠을 자는지
어린 순이는 다듬이 소리를
자장가 삼아 졸고 있다
이웃집에도 들리는 다듬이 소리
순이네 집에서 이불을 새로 꾸미는구나

우리 집에서 나는 사각사각 홑청 소리를
이웃집 아주머니도 들으며
무더운 여름날을 보낸다

(나의 어린 시절 이야기)

어머니의 임종

사람은 누구나 죽는데
어머니도 죽는데
이승을 떠나지 못하게
붙잡고 싶은 이 마음
슬프고 허전한 마음
눈은 감고 가셨으니
그나마
가실 때라도
육신의 고통은 덜어 드렸으니
그래도 내 어머니
아쉽고 아쉽다
어머니의 임종
세상이 끝나가는 고통
가슴이 찢어지는 고통

타들어가는 내 마음
어머니 잘 가시라
고통으로 가득 찬 이 세상을 떠나
천국으로 가시라
꿈에도 잊지 못할
죽어도 잊지 못할
내 어머니의 임종을
나 또한 언젠가는 이승을 떠날 것을
먼저 보냈으나 보내지 못한
자식의 마음을 헤아려 주소서
이별을 준비하지 못한 자식의 마음
가슴에 켜켜이 쌓였던 슬픔이
어머니의 임종으로 강이 되어 흐른다

6부   허무함에 대하여

허무함에 대하여
오해
행복해지고 싶거든
어느 암자에서
짧은 인생
홍도는 죽었다
젊음
저승 갈 때

허무함에 대하여

누구나 한번은 허무에 빠진다
삶에 대해
살아갈 날에 대해서
내가 어디서 왔을까
왜 살아가고 있을까
허무의 바다엔 사람이 살지 않는다
허무의 바다엔 사랑이 살지 않는다
그대!
허무함에 대하여 밤새도록 토론하자
내 일찍이 사랑 따위에 관심 없었고
내 일찍이 속세에 관심 없었지만
그것이라면 잘 알 것만 같아
고독과 허무함이라면

오해

우리들 대화의 95프로는 오해라지
너와 나 서로 간에
5 라는 숫자에 겨우 의지해
너에게 다가가고
나에게 다가왔던 거구나
나는 너를 오해하고
너는 나를 오해하고
이해했을까
안타까워했을지 몰라
그래도 세상은 돌아간다지
이해한다고 믿는 마음 하나로
세상은 돌아간다니
신기하기도 하지

행복해지고 싶거든

행복해지고 싶거든
행복을 꿈꾸지 말라
행복은 언제나
기대하지 않는 사람에게
꿈꾸지 않을 때에
살짝 왔다 가더이다
행복은 그렇더이다
행복은 그냥 덤인가 싶소
와도 그만 안 와도 그만

어느 암자에서

한낮이건만 사방은 고요하고
스님의 목탁 소리만 산속에 울리네
세상 소란은 사라지고
마음에도 고요가 찾아오네
작은 새 한 마리가 날아와
바위에 앉은 이의 얼굴을 가만히 보면서
무슨 생각을 하느냐고 눈으로 묻는다
새가 날아온 암자의 하늘은
유난히도 푸르구나

짧은 인생

어찌 살아갈까 생각은 했어도
언제까지 살지 생각은 못 했는데
인생이 이리 짧을 줄 알았으면
좀 더 진지하게 살 걸
이것 밖에 안 될 줄 알았으면
시간을 아껴 쓸 걸
시계 두 개를 손목에 차고
분 단위 초 단위까지 세게 될 줄이야
무조건 시간이 흘러야 했어
그때는 시간이 만병통치약이었지
아무것도 기억하려 들지 않았던 건
시간이
시간이
아주 길 줄 알았기에

한 줌도 안 되는 인생이었는데
내가 속았어
방심했어
이것 밖에 안 되는 인생이었는데

홍도는 죽었다

세상에 비는 내리고
비구름에 신발마저 젖을 때
우산 같은 가족
댁은 가지고 있소?
나는 둘러보았소
사람들이 그럽디다
이 시대엔 가족이 없다
가족은 있어도
홍도 같은 가족이 없다
홍도는 죽었소 그럽디다
태산 같은 가족은 어디로 갔나
다들 이름은 갖고 살지
가족 누군가의 누구는
아니라 하더이다

그냥 다들 제 이름 대고
나라고 하더이다
홍도가 어느 시대 누구의 이름이냐 하더이다

젊음

젊음을 간직한 사람에게만 젊음이 있다
젊음을 지키지 않는 사람에게는
젊음이 빨리 달아난다
젊음도
자기를 귀하게 여겨주는 사람에게만 찾아
가서 오래 머문다

저승 갈 때

저승 갈 때는 혼자 간다지
그렇다는군
친구는 있나
아니,
순서도 없는 걸
영원히 살 수는 없는 것일까
감도 떨어지고 땡감도 떨어지는데
우리 인생이라고 뭐

7부　　　　　마주 보는 사람들
――――――――――――――

아흔 살 할머니
세상에서 가장 많이 싸운 부부
자식

아흔 살 할머니

할아버지는 어떠셨어요?
맨날 술만 마시고 그랬어

누가 제일 보고싶으세요?
영감이지
영감이 젤루 보고싶어

그리고
할머니는 먼 곳을 응시한다
거기엔 푸른 바다가 있다
할머니의 너털웃음
아! 할머니

신은 평범한 사람들을 좋아한다

그것이 바로 그분께서 보통사람을 이렇게

많이 창조하신 이유다

에이브러햄 링컨

세상에서 가장 많이 싸운 부부

우리 집은 말이야
이혼 안 한 부부들 중에서는
가장 많이 싸운 부부일 거야
아주 오래전
나이 지긋한 어느 부인에게서 들은 말
세월이 흘러
숱한 인생의 시련도 지나고
문득 생각나는 그분의 이야기
그 부인의 삶처럼
아주 많은 사람이
그렇게 살고 있음을
우연히 알게 된다
그래도 장하다고 말할 수 있음은
인생이 결코 녹녹지 않음을 알기 때문이다

헤어졌든 헤어지지 않았든
사람들은 많은 노력을 했겠지
포기를 했어도
인생은 위대하고
포기하지 않았어도
인생은 위대하다
살아냈다는 것 그거 하나만으로도
혼자든 둘이든

자식

똑똑한 자식은 나라에 바치고
잘난 자식은 기업에 바치고
못난 자식은 내 차지

8부   언젠가 만나게 될 유토피아를 위하여
————————————————

언젠가 만나게 될 유토피아를 위하여
안네에게 바치는 노래
세상의 테두리
한국인

언젠가 만나게 될 유토피아를 위하여

그 옛날 유토피아가 있었지
하지만 지금은 없네
네가 모르고 내가 잊었다 해도
유토피아는 있었던 게 틀림없어

그곳엔 평화가
그곳엔 사랑이
그곳엔 자유가 있었지
유토피아

지금은 아니지만
지금 당장은 아니지만
너와 나의 가슴 속에
분명히 살아 있는

그래서 그리운
언젠가 만나게 될 유토피아를 위하여

친구들아!
그날을 위하여
유토피아를 꿈꾸자
언젠가 만나게 될 유토피아를 위하여

(2012년 10월)

안네에게 바치는 노래

안네의 일기장을 편다
갇힘과 절망의 시대에
다락방 한구석에서
그날의 일기를 쓰는 안네를 기억한다
아침 8시부터 저녁 6시까지
고양이도 밥그릇을 삐걱거리면 안 되는
조심스러운 생활에서
얼마나 말하고 싶었을까
얼마나 뛰어다니고 싶었을까
어둠의 시대를 살던
그 시절 유태인의 절망이
그대로 내게도 전해진다

아래층의 구두 발자국 소리

전화벨 소리 노크 소리에도
심장이 떨어져 나가는 듯
놀람이 있는 이 년간
막연한 기다림은 얼마나 절망스럽고
희망은 또 얼마나 간절했을까

수용소에서 생을 마감한
수많은 안네들에게
이 노래를 바친다
다시는
절망이 있는 세상에서 살지 않기를

(2012년)

세상의 테두리

세상에는 테두리가 있어
세상마다 모양은 조금씩 다르겠지만
테두리가 있는 게 분명해
테두리는 쇳덩어리 같은 단단한 물체로 만들어져 있어
부딪히면 아프고 네가 많이 다칠 거야
이 세상에는 약이 많지만
어떤 약도 그 상처를 치료하지는 못 할 거야
사람들은 네가 테두리를 잘 뚫고 나가나 지켜볼 거야
격려하면서는 아니야

비난의 눈길이겠지
맹수 같은 이빨을 드러내고
회초리로 칠 준비를 하겠지
네가 다치면 다들 와서

피가 흐르는 상처를 들여다볼 거야
얼마나 아픈지
저절로 낫는지
혼자 낫는지
죽지는 않았는지
자기가 소심한 게 얼마나 다행인지 생각하면서 말이지
약은 잘 듣는지 지켜볼 거야
네가 모든 걸 딛고 일어나면
혹은 테두리를 뚫고 나가서 더 나은 세상을 만나면
모든 비난과 의혹의 눈길을 거두겠지
회초리도 거두겠지
오직 너는 잘해 나가야만 해
세상은 그런 거니까
울지 말고
눈물이 흐르더라도

한국인

친구야!
듣기만 해도 뜨거운 이야기 하나
그 이야기를 들려줄게
그리 멀지 않은 오래전
어느 날 군대가 찾아와 들고 갈 짐을 챙겨라
사람들은 죽지 않으려고 허겁지겁 짐을 챙겼지
그 길로 십칠만 이천여 명은
군대 행렬처럼 기차에 태워져
사십이 일을 달려 어딘지도 모르는 곳에 내려졌어
너희는 이제부터 여기 살아라
열흘 길이 그토록 길어진 데에는 사연이 있어
화물칸에서 이미 죽은 이들이 많았어
그들은 기차 밖에 버려지고
산 자와 죽은 자의 슬픔 속에 기차는 또 달렸어

그리고 동토의 황무지에 내려진 거야
그날 당장,
바람과 눈비를 피할 집을 짓기 시작했지
다음날부터 땅을 고르고 벼농사를 지어
일 년 만에 먹고 살 걱정을 덜었다지
친구야 놀라지 마라
그 사람들은 먹을 것도 없는데
아이들 공부할 학교부터 지었대
그 사람들은 바로 일제가 버린 조선인
소련이 버린 조선인
우리 동족이 아니겠니
친구야 아직도 김치 먹고
조선말 쓰는 카자흐스탄 고려인들이래
눈물 나지 않니

밤이면 열차 안으로 시베리아 삭풍이 불었지
사람을 짐승처럼 실은 화물 객차 안에는
변변한 이불도 없는데 얼음이 얼었지
톈산산맥에서 몰아치는 거친 눈보라 속을 달리고
끝없이 이어진 갈대밭 사이도 달렸지
그리고 우슈토베에 도착했다지

죽으라고 보내진 사람들이 살아난 이야기
나라가 지켜주지 못했지만
세계 어디에 가도 우뚝 서는 위대한 민족
어디서든 어떻게든 개척한다고
허허벌판 중앙아시아를 일구려고
일부러 조선인만 골라서 보냈다는 얘기도 있었지
죽어도 좋고 살아서 황무지 땅 개척해 주면 더 좋고 그랬다지
버림받아도 살아가는 우리 민족의 이야기
지지리도 나라 복 없었던
우리 민족 이야기 말이야

9부   순례자

순례자
여행
다국적 도시 서울
전설의 소금강 가는 길
설국(雪國)의 풍경
별을 이고 걷노라면
육지섬
은하수

순례자

나는 세상의 순례자
세상은 큰 그릇이 되어
나를 담아주소서
세상이여!
큰 그릇이 되어
나를 담아주소서
나는 세상의 순례자

여행

비우러 떠난 여행에는 채움이
채우러 떠난 여행에는 비움이
다름을 찾아 떠나는 여행자에게는
같음이 그대를 환영할 것이고
같음을 찾아 떠나는 여행자에게는
다름이 그대의 영혼을 자극할 것이니

다국적 도시 서울

서울은 다국적 도시
서울은 국제도시
지하철에
얼굴 생김새가 다른 사람들
그들도 이 도시에서
우리처럼 살아간다

전설의 소금강 가는 길

소금강 가는 길은
시간의 길
길은 10.2 킬로미터
굽이굽이 낮은 산길 지나
오대산 향하면
설레임 속의 편안함을 만난다
나그네를 먼저 반기는 건
맑은 물소리
그것은 들어본 적 없는
천상의 소리
여기는 선녀의 집이런가
눈을 잡아놓는
아름다운 소금강 모습에
나그네는 속세를 잊는다

설국(雪國)의 풍경

설국(雪國)에는 눈을 쏟아주는
누군가가 살고 있는 것만 같아
밟으면 눈이 푹푹 꺼지는 그곳에는
지붕이 눈을 끌어안고 살고
나뭇가지도 새도 달도
눈 세상 밖에는 몰라
설국의 하루는 한 달 같고
한 달은 일 년 같지
낮도 하얗고 밤도 하얀
그곳에 또 눈이 내린다

별을 이고 걷노라면

별을 이고 걷노라면
별이 나인지 내가 별인지 모를 때가 있다
걷다가 힘들어 주저앉으면
별이 나를 지켜주고
별이 힘들어 잠시 쉬어 가자면
나도 그 자리에서 쉬어 간다
별을 보면서
또 별 친구들을 세어본다

육지 섬

육지 한 가운데 섬이 하나 있어
오도 가도 못하는 섬이 하나 있어
하늘은 푸르기만 하고
땅은 햇빛 담아서
윤기가 흐르건만
육지가 섬이 되어
바다에 떠 있는 섬이 되어
사방은 오갈 수 없는 바다가 되어

은하수

하늘에서 별이 쏟아진다
하늘에서 은하수가 쏟아진다
은하수를 우리 집 조명으로 써도 좋겠다
은하수를 내 머리맡에 놓고
꿈을 꾸어도 좋겠다